CE QUI POURRAIT TENIR LIEU

D'UNE CONSTITUTION

PAR

M. DUPONT-WHITE

EXTRAIT DE LA REVUE BRITANNIQUE, NUMÉRO DE JANVIER 1872.

PARIS

AU BUREAU DE LA REVUE BRITANNIQUE

50, BOULEVARD HAUSSMANN (DERRIÈRE LE NOUVEL OPÉRA

1872

CE QUI POURRAIT TENIR LIEU

D'UNE CONSTITUTION

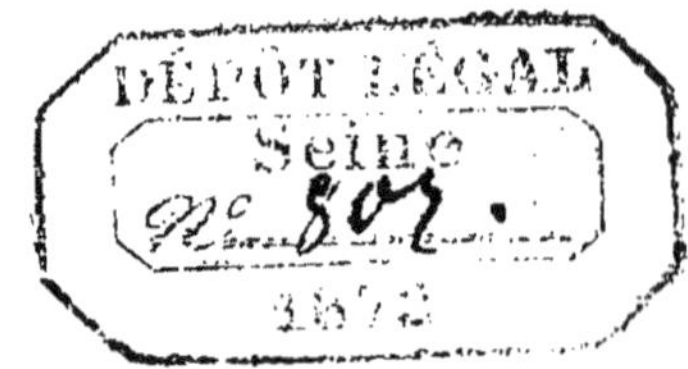

Pacifier le pays est la chose qui apparaît comme urgente et vitale, au moindre souvenir de ce qui s'est passé parmi nous depuis plus d'un an, et qui fait suite à toute notre histoire depuis 89. En général, il faut quelque chose de plus aux sociétés, pas moins que l'ordre moral, une certaine concorde des esprits, la confiance absolue dans l'avenir économique. Mais la France aujourd'hui n'en demande pas tant. Après tout ce qu'elle a vu de conflits armés, d'explosions violentes, elle ne demande qu'une chose, la fin des combats, les occasions aussi bien que les armes retirées aux combattants, enfin la paix.

Parmi nous, au seizième siècle, protestants et catholiques étaient en guerre. Ces Français étaient des belligérants et se traitaient comme tels, terminant ou suspendant leur guerre par des traités, par des trêves. Il s'est passé de nos jours quelque chose d'approchant. On veut parler ici de ce qui s'est appelé « le pacte de Bordeaux », et de cette transaction permanente qui a prévalu entre les partis dont se compose l'Assemblée. Si nous avons eu la guerre dans notre société, c'est la paix qu'il nous faut aujourd'hui, sous peine de décadence et même de dissolution. Que les partis gardent leur inimitié ; on ne prétend pas descendre au fond des âmes et les guérir. Mais qu'ils posent les armes, qu'ils s'abstiennent de coups et de fracas ; on peut et on doit les y obliger non-seulement par la vigilance des préventions et par la vigueur des répressions, mais par un ensemble de lois politiques supprimant les occasions de lutte, l'aliment des passions, le champ de bataille en quelque sorte. Ces lois ne peuvent aller jusqu'à mettre la main sur les journaux et sur les élections ; mais elles peuvent créer un certain repos de la passion politique, soit par un système électoral où les élections, cessant d'être générales, désormais partielles et localisées, deviennent moins agitatrices ; soit en faisant une seconde assemblée, et en ne la faisant pas par le suffrage universel ; une assemblée à titre de tempérament et de contre-poids.

De ce principe, ou plutôt de ce besoin, qui est de pacifier le pays, découle non-seulement l'esprit des lois à faire, que nous verrons tout à l'heure, mais la façon d'y procéder. Ni constitution, ni assemblée constituante, ni élections générales, tel est le premier mot de ce sujet.

I

Elire une assemblée constituante serait un trouble immense pour le pays, une échéance et comme un rendez-vous assigné à toutes les passions. Cette secousse aurait pour effet d'interrompre une véritable renaissance de travaux réparateurs et d'habitudes laborieuses. Toutes les questions reparaîtraient à la fois, politiques, sociales, personnelles, dynastiques. Pourquoi jeter les esprits dans cette mortelle aventure ? Quand ils ne demandent qu'à produire et à réparer, pourquoi les remettre en quête de théories dont ils sont gorgés et à la poursuite d'institutions toutes trouvées ? Il faut voir les plaies du pays, et surtout les haines du pays, qui est singulièrement haineux. Le convoquer solennellement quand il saigne et rage de partout, prendre ce moment pour l'interroger sur la forme de gouvernement, sur les principes sociaux, sur les gouvernants qui lui plairaient, ce n'est pas le moyen d'apaiser tant d'irritation, c'est un dernier incendie qu'il faut lui épargner. Si quelque chose manque à notre régime politique, l'Assemblée actuelle pourrait y pourvoir en faisant des lois comme celles qu'elle a déjà faites sur le pouvoir exécutif, sur les pouvoirs locaux, sur la garde nationale. Elle pourrait faire en quelques lois, en deux lois peut-être, l'équivalent d'une constitution.

A quoi bon une constitution, de pied en cap, totale et compacte, quand nous avons déjà tant de constitutions et de lois politiques, où il suffit de prendre celles qui conviennent à la circonstance actuelle? Aussi bien, rappelez-vous ce qui est advenu de toutes ces constitutions réputées et étiquetées fondamentales; il n'est pas clair que le salut de la France dépende d'un document de cette sorte. Une constitution nouvelle de fond en comble est inutile par maintes raisons ; mais il faut bien voir qu'elles ne sont pas toutes concluantes. Ainsi, j'entends dire que la République existe en fait, et que ce fait emprunte une valeur de droit à la constitution républicaine de 1848, laquelle n'a été détruite que par un coup d'Etat, avec cette conséquence qu'elle doit revivre aujourd'hui, justice ayant été faite du coup d'Etat et de toutes ses œuvres, de toutes ses personnes. Le feu duc de Broglie a enseigné autrefois quelque chose qui semble venir à l'appui de cette opinion. C'était une de ses doctrines juridiques qu'une loi abrogée reparaît quand la loi abrogeante a disparu elle-même par l'effet d'une abrogation. Mais cette doctrine, applicable peut-être aux lois particulières, ne l'est pas du tout au cas d'une constitution politique, laquelle doit être le dernier mot d'une société, l'expression de son état et de son esprit le plus récent, surtout en France, pays de passion et de mobilité. Parce qu'une constitution a péri sous une violence, ce n'est pas à dire que la violence et l'usurpation ayant disparu, cette constitution doive reparaître par cela même : il lui reste à montrer qu'elle convient et suffit à l'état actuel de la société. De quoi la constitution de 48 serait fort en peine, ayant fait abus du principe démocratique jusqu'à lui confier l'élection du pouvoir exécutif.

Mais si le pays n'a plus la constitution de 1848, ce n'est pas à dire qu'il soit sans constitution. Dans un pays où la forme du gouvernement est républicaine, à titre de fait et de provision, où d'ailleurs le fond du gouvernement est le suffrage universel, on peut dire que la constitution est faite. Elle existe au moins en ses principaux traits, et ceux qui lui font défaut n'exigent pas la façon solennelle d'une constitution, ni la crise profonde d'une élection générale pour faire une assemblée constituante. Par-dessus tout il importe de ne pas remuer le pays, de laisser reposer les haines et l'aplomb économique se reprendre.

L'Assemblée actuelle, en faisant les lois qui manquent à notre régime républicain, ne ferait là qu'exercer un droit sensiblement analogue aux droits déjà exercés par elle en ce qui touche le pouvoir exécutif. La preuve que l'Assemblée est constituante, c'est qu'elle constitue. « L'Assemblée, me dira-t-on, n'a procédé de la sorte qu'à titre provisoire, à titre d'essai et d'expérimentation. C'est une épreuve de république que l'on a voulu faire, ni plus ni moins. » J'en tombe d'accord ; mais dans le même esprit, dans les mêmes limites, nos institutions actuelles et provisoires ont besoin d'un complément. Si l'on veut essayer un régime, il faut y mettre au préalable toutes ses conditions de vie ; autrement l'expérience serait mal faite et sans conclusion possible. Voulez-vous savoir ce que vaut la République ? Faites-la fonctionner avec toutes les garanties qu'elle peut donner aux idées conservatrices, avec tous les contre-poids dont elle peut user envers la démocratie. A ce compte, il convient que la République soit pourvue d'un mécanisme tel qu'une seconde assemblée ; il convient en outre qu'elle soit affranchie et purgée d'une crise légale, comme des élections générales par scrutin de liste. Si l'on veut la juger à l'œuvre, il faut lui faire franc jeu et la munir de tout ce qui constitue la pondération des pouvoirs, l'assiette et l'aplomb du pays. Le pacte de Bordeaux ne peut être exécuté, l'essai de la République ne peut être loyal qu'à cette condition d'un organisme républicain provisoire, mais complet.

On ne voit pas la nécessité de s'expliquer autrement sur la question des pouvoirs constituants de l'Assemblée. C'est un soin qui nous paraît superflu, pour cause d'évidence. Quand le pays, en février, a nommé des mandataires en leur confiant la patrie, on peut bien dire que, par cela même, il leur a tout confié, tout livré en fait d'institutions et d'avenir politique. Si l'Allemagne n'avait voulu traiter qu'avec une monarchie, il est clair que l'Assemblée eût été compétente pour établir la forme monarchique. Cette hypothèse nous donne la mesure de ses pouvoirs, qui n'ont pas de bornes, parce que nos périls et nos problèmes n'en avaient pas quand elle fut nommée. Le pays ayant élu des mandataires dans un moment où tout était à faire, les institutions de la France aussi bien que son salut, il faut croire qu'il les a élus pour cette tâche tout entière. Peu importe que le gouvernement qui a fait les élections de février ne se soit pas expliqué autrement sur les pouvoirs législatifs ou constituants de l'assemblée qu'on allait élire. Naturellement, il ne lui a pas plu de mettre aux voix la forme de gouvernement qu'il avait adoptée et qu'il tenait pour établie ; mais cette inadvertance n'a pu borner le droit du pays, qui était de nommer des mandataires à toutes fins, dans un temps où tout vaquait et périclitait, où le droit manquait partout, le pays subissant deux faits tels que l'invasion et la dictature.

Encore une fois, tel est aujourd'hui le besoin de repos, que des élections générales seraient une secousse désastreuse, un ébranlement de tout ce qui commence à se raffermir et ne demande qu'à renaître. C'est le cas de les refuser obstinément aux partis et de tenir l'Assemblée actuelle pour capable de constituer le pays, pour capable au moins d'achever, dans des termes satisfaisants et complets, l'expérience républicaine.

Il nous reste à examiner quelles seraient ici les conditions nécessaires d'une loyale expérience. Il y a déjà quelque chose de fait. Le pouvoir exécutif est constitué en ce sens qu'il émane de l'Assemblée, et que ses rapports avec l'Assemblée sont clairement déterminés. « C'est un simple fait, me direz-vous, c'est un simple acte de gouvernement, mais ce n'est pas une institution ». Cela revient à dire que le pouvoir exécutif est constitué à titre provisoire ; mais il n'en faut pas plus pour faire une expérience, et c'est également à titre provisoire qu'on pourrait la compléter par deux lois qui nous manquent à cet effet : l'une de ces lois aurait pour objet la création d'une seconde assemblée ; l'autre serait une loi électorale, et la grande affaire de cette loi serait d'établir le renouvellement partiel de la Chambre des députés, pour l'appliquer dès à présent, « hic et nunc », à la Chambre actuelle.

Une assemblée unique, élue par le suffrage universel, renouvelée intégralement à certaines époques, c'est le plus mauvais rêve que puisse faire un pays. L'opinion (et quelle opinion !) y paraîtra comme une invasion, y régnera comme une tempête, au lieu de se constater et de se faire sentir par des influences lentes, successives, équilibrées et tamisées pour ainsi dire. Une seconde assemblée, de quelque nom qu'on l'appelle, chambre haute, pairie ou sénat, est nécessaire pour la maturité des délibérations, pour la bonne qualité des lois dûment élaborées, pour la pondération des pouvoirs, et surtout pour faire équilibre aux passions populaires, qui ont leur expression triomphante dans une assemblée directement élue par le peuple. Il faut pourtant songer à quelque chose comme un contre-poids, en présence du suffrage universel, c'est-à-dire des classes les plus pauvres et les plus nombreuses érigées en pouvoir. Car enfin il y a d'autres classes, d'autres intérêts très-réels et très-légitimes : on doit leur accorder les moyens de se défendre au même titre qu'elles ont le droit de vivre et qu'elles ont eu le droit de naître. Ou la société est à refaire en ses bases, ou il faut accorder à la minorité riche une garantie, une armure, c'est-à-dire une représentation spéciale. Si vous n'allez pas jusque-là, sachez-le bien : c'est la société tout entière que vous mettez aux voix, la société actuelle où il peut se former aujourd'hui des minorités riches, où désormais elles ne se donneront pas la peine de naître, n'ayant aucune assurance de vivre. Lequel aimez-vous mieux : pas de richesse, ou la richesse créée par le petit nombre, moyennant une perspective de durée, de sécurité ? Nul pays libre, et même nul gouvernement républicain n'a cru pouvoir se passer d'une seconde assemblée, d'un sénat. Cet organe modérateur est donc nécessaire ; mais avec quels pouvoirs et quelle origine, ou plutôt, pour parler notre langue législative, avec quelle organisation et quelles attributions ?

Je n'hésite pas à dire que ces pouvoirs devraient être pour le moins ceux d'une chambre des pairs, tels qu'on les a vus dans nos monarchies modernes et occidentales. La grande difficulté est ailleurs, c'est-à-dire dans la question d'origine, l'esprit et l'avenir d'un pouvoir étant tout entiers dans son point de départ, qui fait tantôt son audace, tantôt sa modération. L'exemple à consulter, pour une république, est celui des Etats-Unis. Mais cet exemple est une lumière médiocre pour la France. Car dans l'Amérique du Nord, il y a des sénats partout, non-seulement pour la fédération, mais pour chaque Etat particulier. Or ces différents sénats ont une origine très-différente. Le sénat fédéral est nommé par la législature de chaque Etat particulier, laquelle élit deux membres de ce sénat. Quant aux Etats particuliers, le sénat y est nommé comme l'autre chambre, par voie d'élection directe, mais avec les nuances et les conditions que voici : l'âge du sénateur est toujours plus élevé, la durée du mandat sénatorial est toujours plus longue.

Lequel de ces deux sénats allons-nous copier ? Une opinion très-plausible et très-répandue, c'est que le sénat en France devrait être nommé par les conseils généraux. Par là on échappe au suffrage universel, et c'est un grand point de gagné. Cependant il reste à considérer que dans l'Amérique du Nord chaque sénat local est supérieur en lumières et en modération à l'autre assemblée, encore que les différences d'origine paraissent légères. S'il en était ainsi, c'est-à-dire s'il était tellement facile d'épurer le suffrage universel, pourquoi l'éliminer de la chambre haute, et par là fournir aux masses un grief ? Nous ne sommes pas un Etat fédéral, comme les Etats-Unis, et dès lors nous ne sommes pas tenus d'avoir une assemblée où l'intérêt de chaque Etat ait le même nombre de représentants. La diversité des intérêts locaux n'a pas cette importance chez nous et ne réclame pas cette précaution. Nous avons, nous Français, à créer un sénat pour la garantie des intérêts et des principes les plus généraux de l'ordre social. Quant aux Etats-Unis, ils avaient tout au contraire à créer, dans leur sénat fédéral, une garantie et une protection des intérêts locaux et même des souverainetés locales répandues sur ce vaste territoire, où les différences de climat représentent des différences radicales dans les mœurs et dans les intérêts. De sorte que si nous formons le sénat français sur le modèle du sénat fédéral des Etats-Unis, ce sera par des raisons d'un autre ordre. Or ces raisons ne manquent pas, elles s'imposent même avec autorité. Confier aux conseils généraux la nomination des sénateurs est le moyen, selon toute apparence, d'obtenir un corps où se rencontrent l'expérience, le savoir, le discernement et la modération politiques. Ce moyen paraît plus sûr que si la nomination des sénateurs était confiée au suffrage universel, même avec certaines conditions d'éligibilité. A ce titre, il serait naturel de préférer cette combinaison, c'est-à-dire de chercher les garanties d'un bon choix dans l'électeur plutôt que dans l'élu.

II

La loi électorale que nous avons à faire n'est pas à beaucoup près quelque chose d'aussi simple, en supposant qu'il y ait quelque chose de simple dans des conditions de vie et de paix à notre usage. Ici tous les détails d'exécution affectent le droit individuel, intéressent l'ordre public et se trouvent liés d'ailleurs aux conditions de salut actuel. En effet, que l'Assemblée actuelle soit constituante ou non, elle n'est pas pour s'éterniser. Quand elle aura mis sur pied le pacte de Bordeaux, quand elle aura fait les institutions nécessaires pour essayer la République, elle aura terminé son œuvre et devra penser à la retraite. Mais comment se retirera-t-elle? tout entière ou par fractions? La réponse n'est pas douteuse, si l'on prend en considération ce besoin de repos et de paix dont le pays est possédé. Il s'ensuit avec évidence que l'Assemblée devra être remplacée partiellement, soit par cinquième, comme le furent les premières assemblées de la Restauration, soit par tiers, comme le fut la Convention.

Ce remplacement partiel, outre son à-propos actuel, a toute la valeur d'une institution ; on n'en saurait imaginer de mieux assortie à la France et au caractère français, qui est passionné, sensitif, facile aux exaltations et aux entraînements, tel enfin qu'il convient d'y modérer le courant et le règne de l'opinion publique.

Le renouvellement intégral est sans inconvénient ailleurs, où les esprits sont autres, où les questions sont moindres, où le courant de l'opinion ne va rien détruire de fondamental, parce qu'il n'oserait toucher à certaines croyances, à certaines hiérarchies. Mais en France, le naturel de la race veut un autre traitement ; il ne comporte pas plus le renouvellement parlementaire à la mode anglaise, que les autres pratiques anglaises de club et de meeting : ce qui fut très-bien senti par le gouvernement de la Restauration, en ses premières années. Un simple intérêt ministériel, une pure convenance de cabinet changea tout en 1822. Parce qu'un ministère s'est rencontré alors ayant la majorité et voulant la garder le plus longtemps possible, nous avons eu la loi de septennalité, un des emprunts les plus malheureux que nous ayons faits à la constitution anglaise.

Qu'il soit bien entendu, en second lieu, que ce renouvellement par cinquième ou par tiers aura lieu dans chaque département, et non dans le tiers ou le cinquième des départements français. Ce dernier mode, qu'on pourrait appeler le mode régional, aurait un inconvénient grave et des effets perturbateurs. Il pourrait arriver ceci, par exemple, que Paris ou que le midi de la France auraient à faire un jour ou l'autre le renouvellement partiel, le feraient à eux seuls et avec des effets inquiétants, dans un esprit passionné et subversif.

Reste à résoudre dans le même esprit une dernière question, celle du scrutin de liste ou du scrutin par arrondissement, du scrutin unitaire. Ce n'est pas que le scrutin de liste ait fait grand mal : il a produit à plusieurs époques des assemblées qui n'avaient rien d'alarmant. Etant donné le suffrage universel, qui est chose fort équivoque, le scrutin de liste est une manière de le modérer, de l'annuler même, en substituant à

la passion populaire quelque chose de plus réfléchi, c'est-
à-dire l'influence des comités dirigeants : le scrutin de liste ne
peut procéder autrement ; or les meneurs valent mieux que
les menés dans l'hypothèse du suffrage universel et du scrutin
de liste. Mais on pourrait souhaiter quelque chose de supérieur aux comités électoraux de cette hypothèse : on le pourrait et on le devrait au point de vue de l'ordre, de la stabilité,
des intérêts conservateurs qui sont en péril aujourd'hui, qu'il
s'agit de raffermir et de protéger à tout prix, de toutes parts.
Cela importe surtout aux partis avancés. Car, s'ils prétendent
ajouter quoi que ce soit à ce que nous avons déjà d'institutions
démocratiques, ou même s'ils veulent simplement faire fructi-
fier ces germes, ils perdront tout, non-seulement le pouvoir
qui leur appartient à cette heure, mais la liberté qui fut toujours leur passion la plus chère. Passé une certaine somme
de hasards (que nous avons atteinte de reste), une société aban-
donne et lâche tout en fait de droits, et ne demande qu'une
chose en fait de biens : la paix du dictateur.

A ce point de vue qui obsède le regard et qui s'impose à
notre politique, deux choses apparaissent en matière électorale comme précieuses entre toutes : l'élection par arrondissement de chaque député, et l'élection d'une assemblée nombreuse, une fois plus nombreuse par exemple que les assemblées
de l'Empire. En plaçant l'électeur plus près du candidat, en
réduisant la circonscription électorale, vous préparez le règne
des influences locales, vous tendez la main aux candidats qui
ont de l'assiette et des racines territoriales ; par là, vous allez
peut-être créer en ce pays une aristocratie politique, ce qui
n'est pas indifférent pour la liberté d'un pays. C'est ce que
l'Empire avait bien compris dans sa loi électorale, laquelle en
diminuant le nombre des députés, en étendant la circonscription électorale, rendait plus difficile l'action du propriétaire
sur l'électeur, plus facile et plus sûre l'action du préfet.

Est-ce le bien que cette prépondérance du propriétaire ?
Non, mais c'est le meilleur. Aristocratie ne veut pas dire le
pouvoir des bons, mais le pouvoir des meilleurs. L'idéal en ce
sujet serait que les élections fussent libres, sans autre vue que le

sentiment du bien public, que la recherche des plus dignes à prendre partout, loin ou près, riches ou pauvres, qualifiés ou non. Mais il faut voir où nous en sommes et ce qu'il nous est permis d'atteindre. Tout ce que nous pouvons souhaiter à cette heure, c'est que l'élection ne soit maîtrisée ni par les agents de l'Etat ni par les passions démagogiques. Nous n'avons pas de plus grande affaire que de régler et de contre-peser la démocratie qui déborde dans le suffrage universel. Cette souveraineté est celle du nombre qui peut tout, qui a besoin de tout, et qui ne sait rien. Qu'elle soit absolue, elle deviendra tyrannique ; elle gouvernera à son profit et fera ce que Stuart Mill appelle une « législation de classe ». Or, s'il y a une chance de prévenir cette tyrannie, c'est de mettre le suffrage universel en présence intime des candidats qu'il connaît, et qu'il nommera, s'il les estime, pour faire œuvre de bien public.

III

C'est le cas de s'arrêter ici et de regarder en face le suffrage universel.

S'il y avait parmi nous une institution récente, mais indestructible, fondamentale et magistrale, avec tous les germes du pouvoir absolu et toutes les légitimités d'un droit individuel, c'est là qu'il faudrait aviser et pourvoir sans délai comme sans relâche, toute affaire et toute inclination cessant. Tel est le suffrage universel : la démocratie est là en son gîte, où elle rêve peut-être une société nouvelle. Notre avenir dépend tout entier de la manière dont se conduira le suffrage universel, ou dont il sera conduit par les classes supérieures, réglé et façonné par les institutions. Salut ou catastrophe, tout est là pour nous, uniquement là.

Vous avez peut-être vos passions ou vos penchants politiques. Il vous plairait peut-être d'instituer telle forme de gouvernement et d'en revêtir tel personnage selon votre cœur, selon vos souvenirs. Luxe et imprudence que tout cela ! Vous n'avez pas le temps, vous n'avez pas le droit de vous arrêter à ces bagatelles extérieures. Entrez donc, s'il vous plaît, dans le fond des choses, et donnez-vous la peine de considérer ce vrai souverain, qui est tout fait, qui est devant vous, qui a la mansuétude de sommeiller et de s'ignorer encore. Enfin, pesez bien le suffrage universel, et vous partirez de là sans regarder derrière vous pour le régime quelconque où cette démocratie a le plus de frein, où les classes élevées ont le plus de cohésion, où l'état social a le plus de force défensive, où les personnes et les biens ont le plus de sûreté : car c'est là que nous en sommes, ou du moins que nous en venons. La chose est fort apparente, et l'institution née en 1848 n'a rien d'obscur, rien de mystérieux. J'aurais le plus grand besoin d'une image, que je ne consentirais jamais à traiter le suffrage universel de sphinx accroupi et interrogant. Comment a-t-on pu faire un livre intitulé *le Secret du peuple?* Il n'y a pas de secret dès qu'il s'agit du peuple. Souffrances, griefs, aspirations, tout cela chez lui est apparent et sonore, inondé de lumière, retentissant comme une clameur, comme un hourra. Tel qu'il est, sphinx ou non, peu de personnes éprouvent le besoin d'interpeller le suffrage universel, de le confesser, encore moins de lui dire son fait. C'est toutefois ce qu'on va faire avec une parfaite aisance, et comme si l'on n'avait pas le moindre soupçon des mandats dont il a la main pleine.

Pourquoi donc, lui dirai-je, attribuez-vous à tous les hommes indistinctement le même droit politique?

Voilà qui est bizarre au premier chef. Quand les hommes naissent inégaux en facultés et en aptitudes de toute sorte, quand ils deviennent inégaux par toutes les différences d'éducation et de culture, pourquoi donc vous plaît-il de les traiter, dans la dispensation des droits politiques, comme s'ils étaient égaux de par la nature et la société? La fantaisie est prodigieuse.

Elle serait sans grief si ce droit, qui est égal pour tous, était peu de chose ; mais il s'agit ici de souveraineté — ou bien encore si ces nouveaux souverains n'avaient aucune raison d'abuser de leur droit ; mais ils sont misérables, ce qui veut dire existence précaire, incertitude, angoisse même quelquefois, et cela au sujet du pain, au sujet des enfants. Tel est le sort de presque tous les hommes dans notre société, parce que presque tous vivent de salaires.

La suite, c'est-à-dire l'abus, est aisée à prévoir : misérables de par la nature, si la société les fait puissants, ils régneront à leur profit, selon l'exemple immémorial des anciennes forces et de tous les gouvernements connus. Leur bon plaisir sera de changer cette misère en bien-être ou du moins en sécurité par la force et la faveur des lois dont ils disposent. Bref, ils feront du socialisme. Que voulez-vous qu'ils fassent, n'ayant plus que cela à faire, ayant dépassé la période où se conquiert le droit commun ? Ils y ajouteront peut-être des lois somptuaires, ce qui n'est plus de la spoliation, mais de la vexation. Enfin, s'il faut tout prévoir, ils traiteront peut-être, soit avec les riches, soit avec l'étranger : on a vu des électeurs anglais, irlandais, polonais user ainsi de leur droit. Peut-être encore se livreront-ils, eux et vous, au gouvernement, à ses injonctions, à ses candidats. Les hypothèses et les conjectures abondent en ce sujet. Une seule est impossible, celle d'électeurs qui, étant les plus nombreux et les plus besoigneux, traiteraient équitablement de la répartition des richesses, cette matière des lois fiscales, que les élus du suffrage universel trouveront sur leur chemin, qu'ils sauraient même chercher au besoin. Mettre l'impôt uniquement sur les uns, le dépenser uniquement au profit des autres, c'est déplacer les fortunes. En ce sens, l'impôt est un mode de distribution de la richesse ; comment se fait-il que les économistes n'aient jamais reconnu la chose, et que les socialistes ne l'aient jamais exploitée ? Nos sciences et nos révolutions sont encore bien imparfaites : les démagogues surtout n'ont aucune notion de la société qu'ils attaquent, et s'y prennent fort mal.

On n'a aucune assurance de plaire au lecteur en lui exposant ainsi la pente des choses, le précipice des institutions. Mais, outre que l'agrément est un but frivole et secondaire, on se propose de le rassurer sur-le-champ, ou tout au moins de lui montrer le sujet tout entier, en ses ressources possibles comme en ses périls évidents. Cherchons bien. Est-ce qu'il n'y a pas d'autre pouvoir dans nos institutions que le suffrage universel? d'autres forces dans la société que celles dont il dispose? d'autres principes dans la nature humaine que l'égoïsme, dont il semble l'organe prédestiné?

Voilà trois points qui épuisent le sujet; je vous défie d'y trouver autre chose, mais je vous défie surtout de trouver en tout cela où vous appuyer et vous rassurer. Les pouvoirs modérateurs? il s'agit de les créer, et la question est de savoir si la démocratie y consentira. Les forces anciennes? suspectes, si vous parlez du noble et du prêtre. La conscience? pleine de préceptes sur le juste et l'injuste, mais pleine surtout, jusqu'à l'étouffement, d'une assimilation très-scientifique, très-autorisée, qui confond maintenant la justice avec l'utilité générale, qui fera facilement un pas de plus pour confondre celle-ci avec le bien populaire.

IV

Ces réflexions, ces insinuations au sujet du suffrage universel ne donnent peut-être qu'une faible idée des cataclysmes qui dorment dans cette institution. Je ne suis pas sûr d'avoir tout dit : puis-je prévoir tous les effets d'une force encore ignorée d'elle-même, qui a une telle carrière devant elle, et des souvenirs, des rancunes d'un tel souffle? Le peuple français, avec sa souveraineté, me représente un lion sommeillant près d'une source, image que j'emprunte (en la dépaysant, bien entendu) à lord Byron, mais qui n'exprime pas mal cette situation, où il y a réellement une source, celle de tous les pouvoirs, qui deviendra peut-être un torrent.

On ne croit pas non plus, en parlant comme on l'a fait plus haut, soit d'un sénat, soit d'une nouvelle loi électorale, avoir fait là un exposé complet, une démonstration achevée des voies et moyens qui pourraient modérer la démocratie dans un état de choses républicain. Ce sont des indications, des aperçus, ni plus ni moins. Mais le sujet, dans ce moment, n'en demande pas davantage. La difficulté n'est pas de trouver et d'imaginer des contre-poids à la démocratie. A cet égard, les exemples sont partout, quand ce ne serait qu'aux Etats-Unis,

et s'ils n'existaient pas, on n'aurait pas de peine à les décou-
vrir. C'est une de ces œuvres qui ne dépassent pas l'aptitude
humaine, qui demandent simplement, comme dit M. de Maistre,
des connaissances et de la réflexion. Je ne sache rien de mieux
là-dessus que certain chapitre du feu duc de Broglie dans le
livre qu'il a intitulé : *Vues sur le gouvernement de la France.*
Vous y trouverez tous les développements désirables sur l'organisation et les attributions d'un sénat. Seulement, je le répète, la démocratie va-t-elle subir tout ce qu'on lui destine de
freins et de tempéraments ? On peut même se demander s'il
y aura jamais des élus du suffrage universel osant prémé-
diter, osant écrire ces institutions répressives de leur auguste
maître.

Ici il faut monter quelques degrés plus haut à la rencontre
d'une question plus générale, que voici : Quand un principe
possède une société, ce principe peut-il recevoir et subir quelque chose comme des contre-poids, des parallélismes, des
concurrences, des obstacles enfin ? Ce souverain se laissera-t-il
manier et réduire par un article de constitution ? Vous voyez
d'ici qu'il ne s'agit plus de la démocratie seulement, mais de
la nature humaine, de la nature officielle, et particulièrement
de la nature française. Cette question est celle des gouvernements mixtes. Y en a-t-il ? Peut-il y en avoir, au moins parmi
nous ? Rien n'est plus rare et plus problématique en soi, plus
impossible peut-être en ce pays. Car mélange veut dire ici
modération, sagesse, prise en considération d'autrui, et cela
dans l'usage du pouvoir, c'est-à-dire de la chose dont l'abus est
le plus tentant et le plus productif. Ce mélange n'est pas sans
exemple, mais ne s'est pas encore rencontré en France, dont
le climat tempéré ne fait pourtant pas des hommes tempérés,
dont la démocratie est une passion, une colère... Mais lais-
sons de côté la démocratie pour le moment.

Quand un principe possède et inspire un gouvernement, ce
principe, quel qu'il soit, ignore la retenue et va droit devant
lui dans toute la roideur, toute l'ubiquité de son impulsion.
Vous savez que la manière de Montesquieu consiste à reconnaître le principe de chaque gouvernement, pour en déduire

les lois, toutes les lois de ce gouvernement. Un tel principe est souverain à ses yeux, et détermine tout dans une société. Les faits ne manquent pas à l'appui de cette philosophie. Voyez donc la monarchie restaurée en 1814, et ce bel équilibre de pouvoirs qu'elle avait établi ! Il y avait là une chambre de pairs composée à souhait, patricienne et illustre au plus haut degré, avec cela prenant au sérieux son office de pouvoir modérateur, faisant entendre à la royauté des avertissements salutaires... La royauté n'en tint compte. Elle marchait depuis trois cents ans sur la tête des nobles : ce n'était pas pour s'arrêter quelque jour devant la noblesse, même érigée en pairie, même transformée en pouvoir public par un article de constitution. La démocratie est peut-être encore plus difficile à brider constitutionnellement. On le vit bien, soit en 1830, où elle ne souffrit point de pairie héréditaire, soit en 1848, où elle inventa le suffrage universel et, par un excès de cette chose déjà excessive, lui confia l'élection du président de la République.

Ne parlons pas du régime qui suivit le coup d'Etat : ce régime établit à côté du pouvoir exécutif des assemblées illusoires, des pouvoirs nominaux dont il n'y a pas à s'occuper. Mais aujourd'hui que, l'empire ayant disparu, la démocratie a repris possession de la société, il faut voir si elle sera d'humeur à supporter des règles et des tempéraments. On ne voit pas pourquoi la démocratie, s'affirmant dans une assemblée, irait se borner et se contredire dans une autre assemblée. On comprend encore moins qu'une assemblée démocratique souffre la concurrence et le parallélisme d'une autre assemblée à base aristocratique ou oligarchique. Peut-être y a-t-il trop de démocratie aujourd'hui parmi nous, pour faire une pareille constitution ou tout au moins pour le jeu régulier de cette constitution, en la supposant faite par un effort de vertu théorique.

Cependant, me direz-vous, la démocratie ne peut pas vivre, ne peut pas régner sans une organisation ? — Oui, mais des organes ne sont pas des règles ; la démocratie a sans doute besoin d'instruments et de mécanismes, mais tout autre chose sont des freins et des contre-poids, c'est-à-dire des obstacles au lieu d'instruments.

Vous insistez et vous me montrez tel pays, comme la Suisse et les Etats-Unis, où la démocratie s'est non-seulement organisée, mais réprimée et bornée, où elle a pris certaines sûretés contre elle-même. — Que vous dirai-je ? la démocratie helvétique ou américaine est un principe, une habitude ; en France elle est une passion, une conquête récente, un triomphe sur les castes, lesquelles n'existent pas, même en souvenir, aux Etats-Unis, dit Tocqueville. Nous sommes, nous, un pays où les individus se haïssent comme partout, mais où les classes s'exècrent comme nulle part. Or il est arrivé parmi nous que les plus nombreuses sont désormais souveraines par le fait du suffrage universel. C'est ce qu'on appelle la démocratie. Qu'est-ce qu'elles vont faire de tant de haine qui est en elles ? Comment voulez-vous que cette démocratie ait de la tolérance, de l'équité ? Elle violerait une constitution faite sur ses bases ; mais elle ne le fera même pas, elle n'écrira même pas la théorie de ces choses. Organiser la démocratie ? Une chimère ! Mieux vaudrait ne pas l'avoir créée. A vrai dire, rien n'est hasardeux comme la voie du progrès. On a plus facilement raison d'esclaves qui veulent être des hommes que d'hommes qui veulent être citoyens, et de citoyens pauvres qui veulent être riches, ce qui fait penser à certaines personnes que la France s'est empoisonnée en 89 et qu'elle est toujours malade de ce virus. Seulement le malheur de cette théorie, c'est que les peuples atteints de la sorte font mainte chose éminemment saine et pure, telle, par exemple, que de mettre le droit commun à la place du privilége, l'équité, la douceur même dans des lois égales, la responsabilité dans les pouvoirs. Il n'est même que ces malades pour offrir de pareils symptômes et pour se traiter ainsi.

Une curieuse étude serait celle du bien ou du mal que peuvent faire les constitutions. On pourrait croire à l'inefficacité, à l'insignifiance des constitutions, si l'on en jugeait par celle des lois électorales en France. Le fait est que parmi nous des mécanismes réputés vicieux et faux ne sauraient faire obstacle

2

à l'opinion publique. Nous avons vu des assemblées élues, soit par le scrutin de liste, soit par le scrutin d'arrondissement, soit par un suffrage universel à plusieurs degrés, exprimer assez fidèlement l'opinion du pays. Cela signifie que l'opinion publique en France est une force supérieure à tous les obstacles. Et cela revient à dire en dernier lieu que la France est passionnée. Nous le savons de reste : on peut conclure de là que ce pays mettra peu de sagesse dans ses constitutions ou dans la manière de les appliquer.

Ce serait peut-être le cas de rechercher s'il n'existe pas dans une société anciennement civilisée des contre-poids réels en dehors de toute constitution écrite, et si la France particulièrement, théâtre d'un progrès soutenu et varié à travers tant de vicissitudes, ne possède pas au plus haut degré ces forces innées et acquises, qui résident dans les fondements mêmes de la société, pour la sauver ou la réparer en ses plus fortes secousses. Cette recherche, qui côtoie le mysticisme, nous mènerait un peu loin, et doit se borner ici à une simple explication. On ne prétend pas dire que la conscience et la volonté humaines fournissent le bien à dose suffisante pour tenir le mal en échec. Il est bien sûr que les sectes, les partis et les gouvernements ne se calomnient pas en se prêtant les uns aux autres les plus noirs projets, les principes les plus incendiaires. Mais qu'importent les intentions? qu'importe la logique? Il n'est pas au pouvoir des hommes de se faire aujourd'hui tout le mal qu'ils se veulent ; et cela, parce que la pluralité des forces, la variété d'éléments survenus dans le monde moderne fait obstacle à la prépondérance d'un seul élément, et par suite à la tyrannie d'une seule force. À mesure que la société se développe, vous y voyez paraître toute la nature humaine sous forme de travaux plus variés, de dépendances mutuelles, de situations solidaires, de forces et d'aspirations nouvelles qui se tiennent en respect les unes les autres. Que ne découvret-on pas de nos jours? L'égalité devant la loi, la dignité du travail, l'homme sous le nègre, la richesse hors du sol, la Providence dans l'histoire, la tolérance et l'indifférence en matière de religion. Tel est le train du progrès, tel est le fond d'équilibre et de variété qui s'établit sous nos pas. Une société en est-elle à ce point ? la dernière aventure qu'elle ait à craindre, c'est l'invasion d'un principe nouveau et absolu.

Assurés peut-être de ne pas périr par le bénéfice de ces forces latentes, nous n'avons pas moins en cet instant précis à faire une constitution ou l'équivalent d'une constitution, quelque chose qui y ressemble, qui en tienne lieu. Ce quelque chose, il s'agit de le faire le plus sensément possible, et, comme dit Bossuet, de « ne rien laisser à la fortune de ce qu'on peut lui ôter par conseil et par prévoyance ». Il n'est pas clair qu'une bonne constitution puisse nous sauver ; mais une mauvaise constitution peut nous faire infiniment de mal. Nous avons aujourd'hui deux choses pour nous éclairer, peut-être même pour nous tirer d'affaire : d'abord l'expérience de la constitution de 48, où l'on voit clairement qu'il ne faut pas surabonder dans le sens démocratique, sous peine de dictature ; ensuite cette situation particulière, qu'une assemblée issue du suffrage universel, élue au sortir d'une révolution, est pourtant une assemblée où le sens démocratique ne règne pas en maître absolu, où tous les intérêts, toutes les classes, tous les esprits ont leurs représentants. Bref, l'Assemblée n'est pas purement démocratique, la situation n'est pas purement révolutionnaire comme étaient l'Assemblée et la situation en 1848. Nos malheurs du dehors ont mis leur empreinte sur les hommes et sur les choses du jour. Pour la première fois depuis bien longtemps, nous avons vu dans nos affaires publiques quelque chose qui peut s'appeler modération, patience, compromis, sagesse enfin. Le moment est inouï et solennel. Il faut mettre à profit sans hésitation ce qu'il contient de facilités pour le salut. Regardez bien cette assemblée dont vous êtes peu ébloui : vous n'en reverrez jamais une pareille, monarchique, mais qui n'a pas fait la monarchie, qui a souscrit le pacte de Bordeaux, qui s'est imposé un nouvel essai de république, tout cela pour épargner au pays la guerre civile. Rien ne répond mieux à l'état de notre société que cet esprit de l'assemblée. Vous estimez peut-être d'après certains signes que le pays n'incline pas à la monarchie ; mais il incline encore moins à la démagogie : il y est même hostile, passionnément hostile par tout ce besoin de renaître et de réparer, ignoré peut-être des partis, mais ressenti par les masses comme un instinct, comme un appétit de convalescence. Cette assemblée est-elle constituante? J'ai làdessus, pour ma part, une opinion fort arrêtée; mais, à coup sûr, il appartient à cette assemblée de laisser vivre le pays, et pour cela de lui ouvrir, de lui proposer un horizon en ces termes : « Tu ne seras pas secoué par des élections générales; tu ne seras pas gouverné par les passions d'une assemblée unique ; tu n'auras pas à changer ce qui n'est que d'hier et qui te suffit pour le moment ; tu ne seras pas distrait de tes affaires et de tes travaux par des plébiscites ; quand tu commences à souffler et à renaître, on ne viendra pas t'agiter de questions capiteuses et affreusement complexes, te demandant si tu veux de la monarchie et par quel monarque, ou de la république et par quel président. Quant à nous, législateurs ou constituants, nous n'essayerons pas une solution qui serait un trouble : nous gardons le provisoire qui est la paix, et nous le fortifierons de tout ce qui peut le faire durer et valoir, ou comme régime, ou comme expérience. »

Si l'Assemblée en usait de la sorte, il est permis de croire que le pays acclamerait l'Assemblée et se mettrait à revivre. Il faut avouer que rien n'est vain comme ce qui s'appelle fastueusement une solution. « Vanité des vanités », s'écriait Salomon à propos des choses humaines. Il a oublié celle-ci, qui n'était pas de son temps, mais qui a infesté le nôtre, surtout cette mémorable époque de 48, où tout le monde attendait et invoquait à grands cris une solution. Or cela n'est pas de ce monde. A chaque jour sa tâche, qui se traite par les expédients du jour. Voilà ce que le peuple français finira peut-être par concevoir. Une solution, cela veut dire, en matière politique, une constitution; en matière d'art et de fictions, un dénoûment. Or les constitutions et les dénoûments sont les côtés manqués tant de l'histoire que de la littérature.

Sachons bien qu'il n'y a pas de solution, si ce n'est de mourir, si nous parlons des personnes. Quant aux choses, elles ne se résolvent pas : elles vont leur train, elles roulent comme elles peuvent, sans s'arrêter jamais dans un parfait contentement d'elles-mêmes.

Mais l'Assemblée aura-t-elle ce sentiment de la situation? Je ne sais. La pire aventure serait que, ne pouvant pas faire la répubilque, elle ne voulût pas faire la monarchie. « Une mauvaise monarchie, disait un jour M. Guizot, vaut mieux qu'une mauvaise république. » Cela est vrai et vaut la peine, qu'on y songe. Ou les apparences sont bien trompeuses, ou nous aurions, après l'assemblée actuelle, si elle se retirait tout entière, une assemblée ultra-démocratique qui ferait une constitution, qui la ferait à son image et qui nous rejetterait ainsi dans les chaînes de quelque dictature. On va peut-être m'accuser de paradoxe ; mais il n'y a qu'une assemblée monarchique capable de faire soit une république, soit un véritable et loyal essai de république. La difficulté, disions-nous plus haut, n'est pas de trouver des freins à la démocratie, mais de trouver une assemblée d'origine démocratique qui consente à les lui imposer : or cette assemblée nous la tenons, elle est toute trouvée, il ne lui reste plus qu'à user de sa souveraineté dans ce sens.

V

Vous allez peut-être dire à l'auteur de ces réflexions qu'il spécule dans le vide, qu'il veut édifier où le fond manque, bref qu'il s'acharne à traiter un incurable, si ce n'est un mort. C'est en effet le sentiment de quelques personnes que ce pays est perdu ; qu'il a fait fausse route en prenant celle des révolutions ; que son rôle est fini parmi les peuples et qu'il appartient désormais aux asservissements extérieurs ou démagogiques, absolument comme la Grèce après Alexandre. « Finis Galliæ ! »... Au fait, il y a des nations qui finissent. Voyez donc la Pologne, la Hollande, la Péninsule, qui ont eu de beaux jours dans l'histoire, qui ont brillé et pesé sur le monde, pour en venir à cet évanouissement où le monde les oublie et les dépasse. Cependant est-il vrai de dire que la révolution nous ait fait banqueroute ? Une nation, un de ces groupes humains où les lois naturelles se donnent carrière, où se jouent les drames de l'histoire, a pour elle l'espace et les siècles. Gardez-vous de la juger sur la défaillance d'un moment. Comment ! la révolution a fait banqueroute !... Mais elle ne dure que depuis quatre-vingts ans. Montrez-moi donc une grande idée qui ait porté ses fruits en si peu de temps, à commencer par le christianisme qui parle aux hommes de fraternité depuis dix-huit cents ans, avec le succès que vous savez ! Montrez-moi quelque part une fortune de nation qui ait coûté moins, un but politique atteint ou manqué à moins de frais ! Celui des Anglais, par exemple, était uniquement le vote national de l'impôt, ainsi que Burke l'a fort bien expliqué dans un discours magistral à propos de la guerre d'Amérique. « Consentir l'impôt fut toujours toute la liberté pour l'homme de race anglosaxonne.» Rien n'est plus vrai d'un pays où la liberté est une tradition du moyen âge. A cette époque, roi et sujets n'avaient d'autre démêlé que l'impôt. Le reste allait de soi, moyennant le droit seigneurial sur le peuple et le devoir militaire des seigneurs envers leur roi. Toutefois cet idéal moindre, les Anglais n'y sont parvenus que depuis peu, en traversant les Stuarts, les Tudors, les rois normands. Ils ont mis plus de temps que nous à toucher un but moins élevé, et cela nous justifie d'être encore en échec, en travail devant nos ambitions qui embrassent tout. Plus une idée est grande, plus elle avorte ; cela n'est pas bien étonnant, vu les proportions de l'espèce humaine. Jugez donc de ce qui devait arriver à trois idées comme celles qui composent la foi révolutionnaire ! Rien ne peut se comparer à un tel programme, si ce n'est peut-être ce plan d'études que Gœthe a tracé de la main d'un étudiant allemand : «Dieu, l'homme, la nature, » et qu'il admire avec Méphistophélès pour sa précision et son étendue. Ce n'est pas étendue qu'il faut dire, mais immensité, transcendance, en ce qui touche les principes de 89. Cependant il est resté quelque chose de ces fameuses déclarations, quand ce ne serait que l'abolition des priviléges, la fin de ces inégalités où l'homme du peuple était encore le descendant visible de l'esclave antique. Les castes sont bien mortes. Con-

quis est le droit commun, ce qui est précieux ; car cela ne veut
pas dire simplement l'unité de la loi, mais l'équité de la loi en
fait d'impôts, de peines, de garanties judiciaires, de succes-
sions, de libre concurrence, de libre admission aux emplois
publics. Ici la parole a été tenue, le but a été touché. C'est
quelque chose apparemment que l'homme ainsi découvert
et établi dans ses droits, tandis qu'il ne valait autrefois que par
la caste et dans la caste. « Liberté, égalité, fraternité, » a dit la
révolution. Et vous vous étonnez que ce programme ne soit
pas rempli tout entier, que cette carrière ne soit pas parcou-
rue jusqu'au bout, que ce pays ait toujours des misères et des
noirceurs ! Vous ne connaissez guère les hommes, et la part
qui est faite dans leur nature, dans leur histoire, aux lueurs de
droit et de vérité qui sont en eux. Ce qu'ils ont de grand à
titre inné, ce qui leur apparaît de grand à titre de révélation,
tout cela, au contact de leurs instincts et de leur intelligence,
se charge de fables et de scélératesses, absolument comme
l'eau du ciel se dénature et s'empoisonne en traversant l'at-
mosphère d'une grande ville, c'est-à-dire d'un tas de fumier :
tous les chimistes vous diront cela. Les hommes profitent
néanmoins de la religion, de la science, des instruments intel-
lectuels qui sont en eux, mais avec force retards, limites et
perversions : ce que les théologiens appellent très-bien le
péché originel. Seulement cela n'est pas un péché et ne re-
monte pas à notre origine. C'est l'effet d'un travers ou d'une
qualité que nous apportons en naissant, c'est-à-dire de l'é-
goïsme, primant la conscience comme la vie prime la manière
de vivre. Il ne faut pas juger les voies de la Providence, qui
sont impénétrables. On dirait cependant qu'elle a mis en nous,
avec la force d'un instinct, une ardente préférence de nous-
mêmes. Après cela nous sommes sociables, mais après cela
seulement, tout prêt à sacrifier et à fouler nos semblables
pour leur conserver un frère. Quand on parle politique, c'est
un détail à ne pas perdre de vue. Cet égoïsme, tantôt instinc-
tif, tantôt réfléchi, c'est l'imperfection humaine, dont il ne
faut s'étonner nulle part, surtout devant l'essor médiocre d'une
ambition comme celle qui se proclama en 89. Songez-y donc,

quatre-vingts ans sont bien peu de chose pour faire honneur à de telles obligations. Tous les jours on accorde terme et délai à de moindres engagements. Et vous appelez banque-route un simple retard, imputable non à la France, mais à l'humanité et aux limites nécessaires, intimes ou ambiantes, qui la constituent ou qui l'oppriment ! On dit au présent : Vous avez promis, et vous ne tenez pas ! Mais les promesses sont de tous les temps et de tous les lieux. L'humanité ne vit pas seulement de pain ; elle vit de promesses, d'aspirations, d'espérances. Il faut voir si autrefois ou ailleurs elles sont mieux tenues, mieux remplies. On ne juge pas bien un pays ou un homme en le regardant seul et à un seul moment. Juger, c'est comparer ; c'est pourquoi je vous prie bien de comparer la France ou plutôt la Révolution, puisque la France est personnifiée de la sorte, soit à son passé, soit à la Grande-Bretagne, où n'apparaît rien de révolutionnaire.

VI

Commençons par le parallèle anglais. Il est bien connu que les Anglais font de la tradition et que les Français font de la révolution. Ce sont deux grandes manières. En tout cas, comme elles caractérisent deux peuples progressifs et exemplaires entre tous, je ne vois vraiment pas où elles prendraient de quoi se mépriser l'une l'autre. Vous allez comprendre en quelques mots de Macaulay le procédé anglais : « Il n'y eut jamais dans la constitution anglaise un moment où l'élément ancien ne l'ait emporté sur l'élément nouveau. » Quant au procédé français, il consiste à faire des lois avec des idées ; par où l'élément nouveau est sujet à l'emporter sur l'élément ancien, ce qui est le cas des révolutions. Voilà deux façons d'entendre le progrès qui ne se ressemblent guère, toutes deux néanmoins concluantes et aboutissantes.

La manière anglaise est louée et célébrée universellement depuis nos derniers désastres militaires et politiques. Nous en verrons tout à l'heure les côtés bas et mauvais. Quant à la France, comment dire qu'elle porte en elle un principe de perdition parce qu'elle fait des lois avec des idées, c'est-à-dire parce qu'elle use de sa raison pour se gouverner ? La raison peut errer en se portant d'une manière démesurée à l'impromptu et à l'absolu : de quoi il y a des exemples fameux, comme notre constitution de 93, aussitôt ajournée que promulguée, tellement inapplicable, que ses auteurs mêmes ne songèrent pas à l'appliquer, ou bien encore comme la fameuse tentative des jésuites au Paraguay, racontée dans tous ses détails par Bougainville. En somme, les jésuites avaient civilisé l'indigène du Paraguay, sans contrainte ni violence aucune, mais en l'éteignant, en atrophiant chez lui le ressort vital. Détournés de la vie sauvage, initiés à certaines pratiques de la vie policée, soumis à une règle de couvent, les naturels du Paraguay « avaient l'air d'animaux pris au piége ». Ils n'étaient plus en vie... La moindre maladie les emportait. Le fait est qu'ils avaient trop absorbé de raison théorique et d'idées nouvelles, disproportionnées. C'était plus qu'ils n'en pouvaient porter. Et cela paraissait à un signe fatal, la dépopulation, qui caractérise au surplus tout contact des sauvages avec les civilisés. Dans cette aptitude à mourir et à ne pas renaître, je soupçonne encore plus le bouleversement mental que la rupture des autres habitudes. L'esprit de ces sauvages s'était vidé ; auquel cas des hommes, même sauvages, n'ont plus de quoi vivre. C'est ce que les jésuites, avec infiniment d'esprit et de bonnes intentions, ne comprirent pas. Ils abusèrent de l'idée.

On voit que la révolution a plus d'une manière de tuer. Mais, d'un autre côté, l'esprit de tradition n'est pas un esprit pur : il peut garder des choses mauvaises et marquées pour abattre, par delà tout mérite des choses, toute patience des hommes, suscitant par la durée excessive des abus encore plus de haine qu'il n'en pourra calmer un jour par leur tardive abolition. La religion du passé peut en être la superstition. Au surplus, sans regarder l'histoire, sans consulter l'expérience, on pourrait dire « à priori » que les deux principes se valent : il suffit pour cela de jeter un coup d'œil sur les deux sociétés où ils ont prévalu. Si l'un de ces principes était excellent et l'autre détestable, il y aurait un abîme entre ces deux sociétés, dont l'une serait la première et l'autre la dernière de toutes. Que si, au contraire, vous voyez là deux peuples engagés dans des voies différentes, mais parallèles et rivales, donnant au monde des exemples divers, mais équivalents, vous admettrez sans doute que chacun de ces peuples porte en lui un ressort de même valeur, capable de bons et de mauvais services, complexe comme tout ce qui est humain et social.

Or tel est le cas respectif de la France et de l'Angleterre. Chacun peut classer comme il l'entend ces deux nations : c'est affaire de goût. Mais, si le présent et le passé font voir en elles une concurrence, une rivalité par où elles se touchent et marchent d'une allure différente vers le même but, personne ne peut dire que l'une soit absolument dans le vrai, l'autre absolument dans le faux.

L'absolu n'est pas de ce monde, voilà le fait : tout principe qui gouverne une grande société a ses lacunes et ses qualités. Le nôtre, nous le connaissons de reste ; nous l'avons assez vanté et nous en avons assez souffert. Quant au principe anglais, ne voyez-vous pas que cette religion du passé fait vivre les abus du passé (quelquefois des scélératesses et des noirceurs) au delà de toute justice et de toute politique ? Eh bien , cela est un mal, un très-grand mal parmi les hommes, parce qu'ils ont la vie courte, la souffrance immémoriale et une nouvelle idée, celle des droits humains, pleine d'irritation et de véhémence parmi les générations modernes. Tel nègre, tel Irlandais, tel prolétaire vous tiendra à peu près ce langage : « Je ne suis pas éternel, moi, pour être patient. Je suis un être de peu de jours, réclamé par une échéance fatale et prochaine. Misérable parce que mes ancêtres m'ont transmis la misère que leur faisaient les lois anciennes, je ne veux plus être le père d'autres misérables. Je demande qu'on en finisse avec cet héritage d'oppression, qu'on accélère les réformes, qu'on expédie le progrès. Tout le monde ne meurt pas plein de jours comme Moïse, Wilberforce, La Fayette, qui ont vu chacun leur terre promise. A la brièveté de nos jours il faut la célérité des réformes. Courte est la vie de l'homme, mais surtout de l'homme du peuple. Nos enfants dans une ville de manufactures n'ont pas dix-huit mois de vie probable, pour parler comme les statistiques. Quant à nos adultes, ce ne sont pas eux qui atteignent cette vie moyenne de soixante-six ans réservée aux académiciens. Ne me demandez pas de laisser faire les lois naturelles qui destinent au monde l'harmonie et l'équilibre, qui finiront par l'établir, qui méritent crédit et patience. J'ignore absolument les gracieux desseins de cette Providence. Je me soucie peu de ces lois insouciantes qui se mettent à l'aise dans le temps et dans l'espace, au profit de l'humanité plutôt que de l'homme. La raison est en nous pour accommoder l'action des lois naturelles au peu de durée, au peu de place, au peu de patience qui nous est départi. Comme elles ne comptent pas avec nous, comme elles prodiguent à ce qu'elles font le temps et l'étendue qu'elles nous mesurent de si près, c'est à nous de les façonner, de les proportionner à la mesure humaine. Il nous appartient, doués comme nous le sommes, d'agir sur elles, d'agir mieux qu'elles, aveugles et inconscientes comme elles sont, pour en tirer, pour en arracher le bien qu'elles contiennent et qu'elles diffèrent. Pourquoi donc les institutions ne prendraient-elles pas l'allure des sciences naturelles et des choses industrielles ? Aujourd'hui les vérités de la chimie et de la physique, à peine découvertes, passent tout d'abord à l'application, et ne font qu'un saut jusqu'à nous, jusqu'à la vie courante et quotidienne, témoin la télégraphie électrique. Cela est bien, mais cela ne suffit pas. Songez donc que les droits humains ont été découverts de nos jours et que néanmoins la condition de la plupart des hommes est encore une condition de sauvage ; que les castes sont abolies, et que cependant il y a encore la caste des existences précaires ! Voilà les réformes qui requièrent célérité, comme vous dites au barreau. Vous ne pouvez extirper trop tôt ce maléfice du passé, ce trésor de misères accumulé par les siècles, que je tiens de mes ancêtres, qui me touche peu pour mon compte, l'habitude de souffrir faisant partie de cet héritage, mais que je ne veux pas transmettre avec toutes ses suites et ses dégradations (pesez-bien le mot) à mes enfants, à mes filles surtout... »

Insensiblement j'arrive à l'Irlande ; c'est là que j'en voulais venir et m'arrêter à certains spectacles instructifs.

Voilà l'Angleterre bien en peine de l'Irlande. Elle lui prodigue les meilleures lois ; elle lui accorde un traitement équitable, compatissant, généreux même, sans que l'Irlande lui témoigne autre chose qu'une répugnance obstinée, une haine implacable. Il y a là, dirait-on, quelque chose d'extraordinaire. N'est-ce pas une race bien dure et bien capricieuse que cette race irlandaise? Pas le moins du monde. Il faut voir si les Irlandais n'ont pas un juste sujet de haïr l'Angleterre quand même... La vérité, c'est que les bienfaits britanniques sont des réparations. Or, si ces réparations étaient tardives? « Trop tard, » parole française qui a l'éclair et le mordant de l'acier, inventée par nos révolutions contre nos dynasties. Là-dessus, les rois s'en vont, les rois de France du moins. Quant à l'Irlande et à la reine Victoria, vous prenez là l'esprit anglais, l'esprit de tradition, dans un de ses égarements, dans une crise dont l'issue ne se prévoit guère. On pourrait lui demander compte de bien des choses anciennes ou récentes ; mais, sans m'égarer aux épisodes, laissant de côté tout fait médiocre ou douteux, je vais droit à un grand fait, aussi grand de signification que de proportion, où le revers de l'esprit anglais se démasque dans toute sa laideur, dans toute la malfaisance dont il est capable : je veux parler de cette émancipation promise aux Irlandais à la fin du siècle dernier, et qui ne fut accomplie qu'en 1828. Pourquoi ce retard, quand il s'agissait de la plus abominable oppression qui ait jamais exaspéré une race, quand il n'y avait qu'une voix pour en finir parmi les hommes d'Etat et les classes d'Etat en Angleterre? Pitt et le Parlement voulaient dès cette époque l'émancipation ; Pitt l'avait promise aux Irlandais. Qui donc l'empêcha de tenir sa promesse? Le roi, pensez-vous? Oui, sans doute, le roi, mais surtout l'esprit anglais, qui dans ce roi, même bigot et marchant à l'idiotisme, respectait la prérogative royale, c'est-à-dire le passé, la tradition. C'était une sagesse à tout perdre. Quoi! désespérer l'Irlande quand on a devant soi la France en armes, quand Trafalgar n'a pas encore anéanti la marine de la France et de ses alliés! On me dira que l'Angleterre ne perdit pas à ce jeu tout ce qu'elle risquait, et que tout est bien qui finit bien ; soit. Mais encore faut-il que la fin soit venue, et une heureuse fin, ce qui n'est pas probable à l'égard de l'Irlande. En France, avec des vues comme celles de Pitt sur la question d'Irlande, avec une majorité comme celle qui soutenait Pitt, on eût brisé le véto royal, on eût peut-être brisé le roi. Ce sont, je le répète, deux puissantes méthodes. Si l'une a des révolutions, l'autre en a l'équivalent sous forme de troubles variés, d'émeutes permanentes, de conflits venimeux qui n'excluent pas toujours la guerre civile, celle, par exemple, de 1798, où l'Irlande fut mise au régime de l'état de siége et des cours martiales. « Le sort du pays, dit M. de Beaumont, fut remis à l'armée... En peu de temps deux cents victimes tombent sous la main du bourreau... Lord Charlemout parle dans ses *Mémoires* de prévenus et d'accusés auxquels, avant le jugement, on donne des coups de fouet, que l'on met à la torture, que l'on pend à moitié afin de leur arracher un aveu. Souvent le supplice légal des condamnés ne suffisait pas aux passions qui l'avaient obtenu. Lorsqu'à Wexford les sentences prononcées par la cour martiale furent mises à exécution, on mutila les cadavres des victimes ; on les souilla de mille traitements indignes, et on les jeta à la rivière, après avoir séparé leurs têtes, que l'on cloua sur les murs extérieurs du tribunal. Quelquefois, après avoir pendu le condamné, on le remettait sur ses pieds, de façon à ce qu'il reprît ses sens ; puis on le pendait de nouveau, et l'on multipliait ainsi à plaisir les tortures de la strangulation. »

Pour bien juger de tout le mal que la manière anglaise fit à l'Angleterre, il faut comprendre combien cette réforme, voulue par le Parlement et rejetée par le roi, était chose urgente et légitime, chose de justice élémentaire, de politique impérieuse, d'humanité surtout. Depuis trois siècles l'Irlande pouvait dire comme Sagonte au sénat romain : « Quotidie urbs nostra diripitur. » On n'a pas d'idée de ce que l'Irlande a souffert sous les Anglais. D'abord elle a été volée ; oui, volée dans toute la force du terme, les vaincus ayant été dépossédés de leurs terres, et cela, il n'y a pas plus de trois siècles. Quand l'ancien droit des gens, qui livrait aux vainqueurs la personne et les biens du vaincu, disparaissait de toutes parts, les Anglais furent les derniers à lâcher cette tradition. Il est vrai qu'il s'agissait de lâcher une proie. Aussi, comme la haine a fructifié en Irlande, avec un débordement de passion et de colère, où la haine de prêtre elle-même n'était qu'un détail! C'est un effet bien connu de la confiscation. « Un homme, dit Machiavel, vous pardonnera plutôt la mort de son père que la perte de son patrimoine. » Aujourd'hui même, un mendiant irlandais vous montre un autre mendiant sur les chemins comme propriétaire de la baronnie, de l' « estate» où vous vous rendez. En Irlande, pas de classe moyenne : cela dit tout. Le peuple y était tenu dans une telle misère et tondu de si près, qu'il ne pouvait épargner, s'élever, élever ses enfants au-dessus de lui, ainsi que cela se voit sur le continent, et surtout en France, pendant tout le moyen âge. Machiavel, que nous citions tout à l'heure, se montre frappé au plus haut point dans son opuscule sur la France de tout ce qu'il rencontrait de paysans propriétaires dans ce pays. « Il n'y a que l'Angleterre, me disait Godefroy Cavaignac, pour faire une Irlande. » Le mot est d'un grand sens. C'est reconnaître que le naturel anglais est d'une vigueur admirable, mais tout aussi propre à faire de vigoureux despotes que des citoyens fiers et libres. Quand cette vigueur ne paraît pas dans la liberté des hommes, elle paraît dans l'autorité des maîtres et se donne carrière par des excès de pouvoir à faire frémir le continent. Rien de plus magistral que l'oppression exercée sur l'Irlande, dont il faut citer quelques traits : pas de commerce autrement qu'avec les Anglais, pas d'armes, pas de chasse, pas de cheval de plus de cinq livres, pas de professions libérales, encore moins de droits politiques et de libertés religieuses, cela va sans dire. Telle était encore la condition irlandaise en 89, dont les traits violents s'atténuèrent à partir de cette époque, dont l'oppression politique fit partie jusqu'en 1828. On a fait sur l'Irlande un livre célèbre où le régime irlandais est raconté de main de maître. Pour trouver plus sombre que ce tableau, il faudrait prendre celui de la Grèce par M. de Pradt, de la Grèce sous les Turcs, traitée pendant six cents ans, depuis la chute des barons latins jusqu'à nos jours, comme une ville prise d'assaut.

C'est le cas de remarquer en passant cette véhémence, cette dureté anglaise dans le commandement. Peut-être la liberté s'est-elle faite en Angleterre à cause du génie de sa race qui le voulait par divers endroits, mais surtout qui faisait chez le despote un despotisme intolérable. Sans parler des rois normands, qui régnaient comme des possédés, et de certains Tudors comme Henri VIII, ce terrible veuf, ou comme sa fille « Marie la Sanglante » (Bloody Mary), il faut voir ce que Charles I⁰ʳ faisait de son pouvoir et de ses sujets. « Sa tyrannie, dit M. Guizot, fut, sinon la plus cruelle, du moins la plus inique, la plus abusive qu'eût jamais soufferte l'Angleterre.» Un de ses bons plaisirs était d'accorder à ses favoris le monopole de certaines denrées. Il en faut voir la liste, qui est incroyable. Nos fermes, nos gabelles, nos traitants n'étaient qu'innocence et circonspection, comparés à cette invasion de la vie quotidienne et des industries les plus nécessaires.

On voit que les traditions et les précédents abondaient en Angleterre pour opprimer l'Irlande. Il est vrai que justice a été faite de ces énormités par les Anglais eux-mêmes, qu'elles ont disparu l'une après l'autre, et qu'aujourd'hui l'Irlande a tous les droits de l'Angleterre. « Oui, dirai-je aux Anglais, je vois bien ce qui se passe : vous destituez l'Eglise anglicane, vous expropriez les lords, vous marchez sur les contrats et sur les testaments. Tout cela est d'un bel exemple et part d'un bon naturel. On ne peut pas dire que le sentiment du vrai, que la raison théorique vous fasse absolument défaut. Seulement, vous vous y prenez un peu tard, et vous ne vous êtes pas levés assez matin avec cette monnaie d'une révolution qu'il faut savoir payer en temps utile. Ce que vous faites maintenant, vous auriez dû le faire il y a soixante et dix ans, au lieu de vous arrêter court devant les scrupules d'un bigot qui devait finir en idiot, sous prétexte que tout cela était couronné. Soixante et dix ans ! C'est long pour ceux qui souffrent, c'est plus de temps qu'il n'en faut pour engendrer et élever dans la haine quelques générations de plus, pour achever une œuvre d'implacable rancune. Après cela, vous me direz que vous avez le goût des précédents, le respect du passé, le sentiment des traditions. Nobles passions de la race anglo-saxonne ! Je les honore comme il convient au sortir de nos révolutions ; mais je soupçonne des taches à cette lune. Si l'Irlande allait vous échapper ! Si vous n'alliez plus être que la moitié d'une nation ! M. Gladstone était philosophe autant qu'orateur le jour où il a parlé de la phase irlandaise d'aujourd'hui comme régie par une loi historique, qui est l'empressement des opprimés à se soulever dès que l'oppression cesse. Cette loi a éclaté de nos jours à Naples et en Pologne. A Naples, la dynastie a succombé sous ses concessions. A Varsovie, elle a tenu bon, mais en tirant à mitraille sur des foules agenouillées et priantes. Voilà les deux dénoûments, les deux applications les plus modernes que je sache de cette loi... Je persiste à croire que vous avez trop tardé ; qu'on ne joue pas avec les haines d'une race et d'une religion différentes ; qu'ici le temps fait quelque chose à l'affaire, le temps de souffrir et de maudire ; enfin que vous avez maintenant devant vous, selon toute apparence, deux perspectives, dont l'une est désastreuse ; quant à l'autre, je n'en veux pas parler : ce serait vous calomnier.

« Là peut-être vous attend la juste rétribution de votre excès, qui est de garder trop longtemps le passé, y compris ses forfaits, et de vivre uniquement sur la tradition, même quand elle est devenue difforme et malsaine. Telles sont les perversions et les imprévoyances où l'on tombe avec un seul principe, qui ne suffit jamais aux affaires de ce monde, qui ne contient jamais qu'une portion de vérité politique. Tout comme la France marche au progrès idéal et s'égare jusqu'aux abîmes dans cette poursuite, de même vous vous attachez au réel avec une passion qui n'en discerne pas les vices, qui ne sait pas du moins en faire la part et le sacrifice assez tôt, assez résolûment pour prévenir les catastrophes.»

On voit qu'il y a chez ces deux peuples, qui se touchent de si près, qui se ressemblent à tant d'égards, un génie différent et presque contradictoire. Grande est la différence, et sur le plus grand sujet humain, qui est la manière d'entendre le gouvernement et le progrès. Mais, en outre, cette différence est universelle non moins que profonde. On la retrouve dans toutes les conceptions aussi bien que dans toute la conduite de ces deux races, car il faut reconnaître ici entre les hommes des traits distinctifs, caractéristiques, pour lesquels il n'y a pas d'autre nom que celui de race. Oui, il y a des groupes d'hommes unis par des affinités d'esprit et séparés des autres groupes par des différences qui sont des répulsions, par des antithèses poussées jusqu'à l'antipathie. Pour en avoir la preuve, il n'est pas nécessaire de pousser jusqu'en Chine ou Nouvelle-Calédonie. Si vous êtes Français, vous n'avez qu'à passer le détroit, et vous aurez devant vous votre négation vivante, votre contradiction incarnée dans des gens d'apparence toute semblable. Pour l'art, ils n'ont pas vos yeux et vos oreilles. Pour la famille et le mariage, ils n'ont pas vos sentiments. Dans les choses de politique et de progrès, ils marchent à pas comptés, avec un souci religieux du passé, tandis que vous procédez par rupture et par élan. Dans la science... voici quelque chose de curieux qu'a noté M. Michelet : ils entendent la nature de la même façon qu'ils pratiquent la société ; leur histoire naturelle ne paraît admettre dans le monde physique et dans les transformations du cosmos que l'action lente et graduelle de certaines lois, tandis que vos naturalistes ont foi aux cataclysmes. Les Français mettent de la révolution partout ; les Anglais n'aperçoivent partout que la tradition, prêtant au cosmos et à la Providence le génie de leur race.

Après tout, tradition ou révolution, le monde marche avec ces deux ressorts ; peut-être même sont-ils tous deux nécessaires au progrès humain, tout comme l'analyse et la synthèse sont nécessaires à une bonne démonstration, tout comme il est nécessaire de lever et d'abaisser le piston d'une pompe pour puiser de l'eau.

Conclusion. — La France, avec son esprit et son procédé révolutionnaire, n'a rien d'inférieur à la Grande-Bretagne. Elle n'en est pas plus endommagée, pas plus menacée que l'Angleterre ne l'est ou ne le sera par son esprit de tradition. Je veux dire qu'il y a également et richement dans les deux pays de quoi les troubler à fond. Faut-il ajouter que nous parlons là de principes qui prédominent chacun dans une société, mais sans exclusion absolue de l'un par l'autre? Si la Grande-Bretagne appartenait tout entière à la tradition, comment avancerait-elle et se dirigerait-elle? si la France à la révolution, comment vivrait-elle? Il y a chez chacune un goût inégal, mais efficace, et de ce qui est, et de ce qui doit être.

VII

Ce parallèle fini, passons à une autre comparaison : celle de la France actuelle à la France ancienne et monarchique.

Est-il vrai de dire que nous ayons quelque chose à envier, nous Français d'aujourd'hui, aux Français d'autrefois, sous le rapport de certains biens, tel que l'ordre, la paix, la sécurité? Je vais faire beau jeu aux partisans du passé en m'adressant tout d'abord pour cette comparaison au dix-septième siècle, dépeint et raconté avec tant de complaisance par le plus frondeur des esprits. Outre Voltaire, on rencontre ici dans la même extase toute l'école saint-simonienne, qui a fait, comme vous savez, une théorie des époques critiques et des époques organiques, prenant le dix-septième siècle comme type de ces dernières. Voilà en effet une époque splendide et couronnée entre toutes, où éclatent les succès d'esprit et d'épée, où se déroule une série, une efflorescence de grands hommes d'Etat et de grands hommes de guerre (et dire qu'il n'en reste rien de nos jours, rien pour la gloire, rien même pour le salut !), ou la France fructifie et fleurit de toutes parts, à telles enseignes qu'on la compare au siècle de Périclès, au siècle d'Auguste, au siècle des Médicis. Eh bien, ce dix-septième siècle, ainsi fait, n'en a pas moins quarante-deux ans de guerre civile. Cela commence à la mort de Henri IV, en 1610. Il faut dire ici que la monarchie, ce grand organe de paix et d'ordre, a eu trois minorités de suite dans notre pays. Celle de Louis XIII, qui pourtant ne fut pas considérée alors comme une ère calamiteuse, est marquée par quatre prises d'armes des grands du royaume. Les prétextes en étaient variés : c'était le maréchal d'Ancre, c'était la composition du conseil, c'était le mariage du roi, c'était tout. On se retirait dans son gouvernement, on levait des troupes, tantôt en Touraine, tantôt en Bourgogne, tantôt en Guyenne. Cela s'appelait « tenir les champs ». Chaque province avait son tour pour être sillonnée par des bandes, rançonnée par des partisans, en proie aux violences et aux avanies de toute sorte. Il est vrai qu'on fit la paix de temps en temps : l'épargne de Henri IV s'y dépensa tout entière, et les deniers du peuple, accumulés par un grand roi pour lui être restitués en gloire et en suprématie, servirent à désarmer les Longueville, les Bouillon, les Mayenne, etc.

Ensuite recommencèrent les guerres de religion. On se battit un peu partout, mais fortement, avec grande dépense de sang et d'argent, à Montauban, à la Rochelle surtout, dont la prise, en 1629, termina jusqu'à nouvelle rage cette époque de nos guerres de religion.

Restaient les princes du sang, « les sires des fleurs de lis », comme on disait au moyen âge. Il y en avait un en 1632, nommé Gaston, frère du roi, qui jugea à propos de s'insurger. Ayant pour complice Montmorency, gouverneur du Languedoc, il va le retrouver et se faire battre à Castelnaudary, avec quatre mille aventuriers recrutés à Strasbourg, qui était le grand marché aux lansquenets. Cela vous représente sept à huit cents lieues de pays saccagés, brûlés, violés. J'en passe... Montmorency, un héros fourvoyé, en fut pour sa tête livrée au bourreau, tandis que Gaston gardait la sienne, vide et lâche, mais appelée à porter peut-être un jour la couronne. Tout n'est pas profit pour un peuple qui appartient à une dynastie ; si l'héritier présomptif est impatient, il commence par ébranler l'Etat avec ses droits qui semblent faits pour le consolider.

Cet épisode n'était rien moins qu'un accident.

Vous le voyez, florissant et renaissant de lui-même, pendant toute la première moitié du dix-septième siècle. Avec quel cortége de ruines et de honte ! On le devine, mais on n'en sait rien. Ces calamités qui font tant de victimes, la plupart humbles et inaperçues, n'ont pas de voix, pas d'éclat. Ce ne sont pas les victimes qui écrivent l'histoire ; elles la feraient plutôt. Je les soupçonne, je les entrevois dans cette popularité de Louis XIV usurpant le pouvoir absolu.

Il faut avouer qu'à cette époque rien n'était arrangé pour se tenir tranquille. Des princes du sang inviolables, des compagnies souveraines, tel ordre propriétaire et indépendant, des grands à mémoire féodale, des pays d'Etat, des communes faites comme des places fortes n'étaient pas précisément des conditions de paix publique.

Naturellement les pays d'Etat se prenaient au sérieux. La Bretagne le fit bien voir à Louis XIV quand elle prit les armes en 1675 au cri de : « Vive le roi sans impôt! » Le roi ajouta à l'impôt une foule de potences. On peut voir ce détail dans les lettres de Mme de Sévigné, qui en parle avec toutes ses grâces et tout son enjouement. Je ne l'en blâme pas au moins (la Bretagne, bien entendu); mais enfin il s'agit de comparer deux époques sous le rapport de la sécurité, de la stabilité : la nôtre avec ses révolutions, et le dix-septième siècle avec ses guerres civiles. A cet égard, rien de concluant comme l'insurrection de Bretagne, si l'on considère la date : 1675. Quel mal ne dirions-nous pas de nous-mêmes, de nos bas-fonds, de nos funestes instincts, du cratère des révolutions, etc., si nous avions vu cinq départements s'insurger, soit en 1810, soit en 1824, soit en 1845! Je prends à dessein ces époques, les plus splendides et les plus enracinées des trois derniers règnes. Il n'en faut pas moins pour trouver le pendant et pour nous donner une juste idée de l'insurrection bretonne, à ce moment où Louis XIV, avec la plus belle armée que l'Europe eût encore vue, fort de Colbert, de Turenne, de Vauban, de Louvois, envahissait la Hollande, débordait sur l'Allemagne et remportait depuis trois ans les victoires qui firent la paix de Nimègue.

Enfin, nous avons pour la clôture du grand siècle une dernière guerre civile, déclarée cette fois par le monarque à deux millions de ses sujets, chrétiens d'une autre communion que la sienne. Il y eut là pour dix-neuf ans de combats. Cette guerre durait encore en 1704. Il fallut, pour en finir avec les Cévennes, y envoyer le victorieux Villars, le détournant de la frontière, de la patrie, de Marlborough. Parle qui voudra des dragonnades ! Je ne veux pas m'irriter à faire ce récit. Aussi bien, tel apologiste de la mesure suffit à la juger ; car l'apologie est de dire qu'on a vu en 93 l'équivalent des dragonnades ; un historien, M. Capefigue, s'en est expliqué fort au long. Cela est vrai, mais cela n'est pas toute la vérité. Il faut voir quel était au juste la situation du pays en 1685, alors que fut révoqué l'édit de Nantes. Alors rien ne ressemblait aux passions, aux périls mortels, aux angoisses de la France en 93. Alors, ni invasion, ni famine, ni révolte, ni affranchis de la veille à la tête des affaires : en un mot, rien pour justifier les crimes, rien pour expliquer les violences : c'est la splendeur et la sérénité d'un grand règne qui déchaînent paisiblement la terreur sur quelques provinces paisibles.

La monarchie n'est pas morte du coup, mais Voltaire est né de là.

Vous me direz que le gouvernement avait pour complices le clergé, la noblesse, les parlements, celui de Toulouse surtout, « qui mettait trop de bois au feu », selon le mot d'un contemporain, le maréchal Adrien de Noailles. Vous avez raison. Mais aussi bien c'est par là que s'en va le respect, c'est ainsi que l'autorité se ruine, que nobles et prêtres, ces guides naturels d'une société, deviennent parfois des suspects. Les gouvernements ont l'estime et le sort qu'ils méritent. Au surplus, on ne les renverse pas : il n'est qu'eux-mêmes pour attenter sur eux-mêmes. En ce sens, toute révolution est un suicide auquel ils ont couru. L'autorité est tellement nécessaire aux hommes, tellement consubstantielle aux sociétés ; d'autre part, les individus sont si faibles et si dispersés devant elle, que l'autorité est seule capable de se ruiner, de se détruire, et Dieu sait ce qu'il faut de crimes officiels pour consommer cette destruction ! « A priori », toute révolution a pour elle une présomption de droit, de nécessité morale. Et l'on n'aurait pas de peine à démontrer, l'histoire en main, que toutes nos révolutions depuis quatre-vingts ans, excepté celle de Février, étaient légitimes et nécessaires.

Mais remontons et revenons au passé. Nous venons d'en décrire quelque chose, et nous savons désormais ce qu'il faut en penser. Oui, c'est ainsi que la France autrefois, à sa meilleure époque, était régulière et ordonnée. Encore ai-je oublié la Fronde, quatre ans de guerre civile, où dominaient l'intrigue et le ridicule, où l'on voit cependant la haute trahison à chaque pas et presque le siége de Paris. Il y en eut assez pour inspirer à un contemporain, à Pascal s'il vous plaît, cette pensée : « Le plus grand des maux est les guerres civiles. Le mal à craindre d'un sot qui succède par droit de naissance n'est ni si grand ni si sûr. » Il me semble que Pascal s'avance beaucoup, oubliant que ce successeur peut être non-seulement un sot, mais un enfant ou un vieillard, qui règneront avant ou après l'âge de raison. Que de chances pour la guerre civile dans l'institution même qui semble une garantie de paix !

« Le gouvernement, s'écriait un jour M. Guizot, le plus grand emploi des facultés humaines ! » Oui, assurément ; mais encore faut-il que les facultés y soient. Or la royauté fait profession de s'en passer, ainsi qu'il appartient à une institution de droit divin. Véritablement on pourrait croire ici à quelque chose de divin, la Providence l'entendant à sa manière, qui était de rappeler à elle les vieux monarques et de leur ôter l'emploi dont ils n'avaient plus les qualités. Tant qu'elle prit plaisir à la France, c'est ainsi qu'elle en usa avec nos rois, faisant cette grâce aux Capétiens, jusqu'à Louis XIV, de mourir avant qu'ils eussent soixante ans, les retirant du monde dès qu'ils étaient impropres à leur fonction. Remarquez ces deux fortes figures, Louis XI et Henri IV, montés sur le trône vers quarante ans, morts à cinquante-sept ans. Que d'esprit et quel à-propos d'un bout à l'autre ! De Henri IV, ce réparateur s'il en fut, on peut dire avec l'Ecriture : « Transiit benefaciendo ». Le mot serait d'une application moins heureuse à Louis XI, qui était devenu acariâtre sur sa fin, qui s'adonnait sans mesure à la justice prévôtale, dont toutefois Duclos a pu dire, pour dernier trait biographique : « Tout balancé, c'était un roi. » Tout est bien qui finit à temps. Seulement il faut voir la suite, qui est désastreuse parmi nous ; ce pays livré aux minorités royales pendant le dix-septième siècle, puis aux vieillesses royales dans le siècle suivant, l'une aveugle et bigote jusqu'à la férocité, l'autre égoïste et dissolue, égoïste surtout jusqu'à laisser partager la Pologne. Le temps marche et la Providence laisse tomber les trônes... qui reparaissent... toujours avec des vieillards. Puis un jour vient, parmi ces défaillances couronnées, où le Dieu des batailles s'est retiré de nous comme il n'avait jamais fait.

En dernière analyse, on ne voit pas pourquoi notre époque, avec un droit certain de se plaindre et de se mépriser, épargnerait ces sentiments, soit à son passé le plus spécieux, soit à ses voisins les plus exemplaires. Dès que nous regardons les détails du dix-septième siècle, dès que nous envisageons la physionomie actuelle de l'Angleterre, nous nous relevons à nos yeux et nous prenons confiance en l'avenir. Seulement, corrigeons les vices de notre manière qui prodigue les révolutions ; prenons garde aux excès de l'esprit logique, qui multiplie les constitutions. Sans dogmes ni secousses, essayons cette fois de garder le présent, de l'améliorer et de nous trouver prêts pour les complications du dehors, si elles venaient à reparaître.

VIII

En résumé, il nous semble que la pacification du pays est aux conditions suivantes :

Ni élections générales, ni assemblée constituante, ni constitution.

Maintenir ce qui est, c'est-à-dire l'Assemblée, la République et le président actuel de la République ; à cette fin faire les lois voulues, entre autres une loi électorale pour décider que l'Assemblée se renouvellera partiellement. Par là on fait durer deux existences liées l'une à l'autre : l'Assemblée et le président actuel de la République ; ce qui est mettre dans le provisoire autant d'horizon et de sécurité que les circonstances en comportent.

Continuer l'expérience républicaine inaugurée par le pacte de Bordeaux, et pour cela faire une autre loi créant dans la République provisoire les organes d'une République constitutionnelle, celui par exemple d'une seconde assemblée, d'un sénat.

En procédant ainsi on prépare l'avenir, on essaye tout de bon une forme de gouvernement qui peut-être lui convient. On a l'avantage en même temps de pourvoir aux nécessités du présent, qui défendent de secouer le pays par des élections générales, qui n'admettent pas la durée indéfinie de l'Assemblée actuelle, qui exigent néanmoins qu'elle persiste avec une identité suffisante pour autoriser la persistance du pouvoir exécutif actuel.

Par cet ensemble de mesures, l'avenir serait préparé et non préjugé, le provisoire tiendrait, mais en prenant les formes et les proportions requises d'abord pour répondre aux besoins du moment, ensuite pour devenir à l'occasion un régime définitif.

Si la paix du pays est quelque part, elle est là, c'est-à-dire dans une organisation provisoire qui ajourne les problèmes sans négliger les façons et les œuvres d'où peut sortir une solution, qui marche à l'avenir sans inquiéter le présent. Ce qui importe au présent, c'est que la présidence actuelle de la République dure le plus longtemps possible ; mais cette durée est liée à celle de l'Assemblée, qui d'une part ne peut durer indéfiniment dans son état actuel, qui d'autre part ne peut disparaître tout entière sans emporter avec elle le pouvoir exécutif, son élu et son contemporain. Pour sortir de ce défilé, le biais qui s'offre, c'est le renouvellement partiel de l'Assemblée, renouvellement qui, dans ces termes, ne touche ni à l'existence de l'Assemblée, ni à celle du pouvoir exécutif.

Il n'y a rien là qui ne puisse s'accomplir paisiblement, régulièrement — sans poser les questions qui nous divisent, soit celle de république ou monarchie, soit celle des pouvoirs constituants de l'Assemblée — par des expédients qui, salutaires en ce moment, pourraient quelque jour se convertir en lois définitives et constituantes. Ce double caractère se rencontre au plus haut degré dans des mesures ou dans des précédents, tels que l'élection parlementaire du président de la République, le renouvellement partiel de l'Assemblée, l'avénement du sénat.

Paris. Typographie A. HENNUYER, rue du Boulevard, 7.